Die Französische Bulldogge

Titel der französischen Originalausgabe: Le bouledogue français

Am Remelsbach 30 – D-54570 Mürlenbach/Eifel
Telefon: 06594/653 – Telefax: 06594/452
Internet: http://www.kynos-verlag.de

Aus dem Französischen übersetzt von Gisela Rau

Druck: SIA Printfinder, Riga, Lettland

ISBN: 978-3-938071-39-7

Unser Hund –

Die Französische Bulldogge

Brigitte Bulard Cordeau

KYNOS VERLAG

Inhaltsverzeichnis

Einleitung

Die Bulldogge, wie sie ist

Hund der Metzger des Pariser Vorortes La Vilette, der das Vieh zu den Schlachthöfen begleitete, oder Hund des dunklen Gesindels, bei allen Missetaten dabei, zwischen Pariser Gaunern und Schurken herumgereicht – die Französische Bulldogge ist nicht immer das, wofür man sie hält. Seit dem 19. Jahrhundert hat sie Künstler und Intellektuelle von Mistinguett bis Colette in ihren Bann gezogen – letztere setzte ihr mit »Toby-chien« ein Denkmal in der Literatur. Heute ist ihre Showbühne das Wohnzimmer – und da ist sie als Begleithund wirklich ein Star.

Denkt man bei ihrem Anblick daran, dass sie ein Nachkomme der Molosser ist, eine erstaunliche Mischung aus Dogge und Terrier? Mit ihrer flachen Nase und ihren höchstens 14 Kilo hat sie ein ungewöhnliches Äußeres. Mit dem großen und breiten Kopf und den vorstehenden Augen könnte man meinen, dass sie den Starken markiert, was ja bei ihrer Abstammung auch nicht verwunderlich wäre. Sicher ist sie ein bisschen »dickköpfig«, aber schnell zeigt sie ihr sanftes Herz, wenn man sich mit ihr beschäftigt. Eine Bulldogge ist sehr besitzergreifend und folgt ihrem Herrn bis ans Ende der Welt. Die Einsamkeit ist ihr schlimmster Feind.

So lieben wir sie! Wissen muss man aber, wie man seine Französische Bulldogge aussucht und dass man um jeden Preis den übertrieben gezüchteten Typ mit ganz faltigem Kopf, extrem kurzem und niedrigem Körper vermeiden muss, dessen Gesundheit nicht mehr garantiert ist und der auf lange Sicht krank zu werden droht.

Sie ist Französin, wie ihr Name schon sagt. Keine Frage, dass man diese liebenswerte »boule«, die »Kugel«, wie die Franzosen sagen, auf jeden Fall erhalten muss!

Geschichte

Eine Erfolgsstory

Die Französische Bulldogge, Nachkomme der Molosser und einst als Rattenfänger bei den einfachen Leuten beliebt, ist mit ihren Fledermausohren »jemand geworden«, wie es der Schriftsteller Mac Orlan ausdrückte. Ein ungewöhnlicher Hund mit bemerkenswerter Geschichte.

Mit ihrem Aussehen eines Mini-Molossers kann die Französische Bulldogge ihre Herkunft nicht verleugnen. Ihre Geschichte nimmt vor vielen hundert Jahren ihren Anfang, denn einer ihrer Vorfahren ist die Tibetdogge. Versucht man, die Spuren ihrer Entstehung zu verfolgen, stößt man auf viele widersprüchliche Angaben. Einige meinen, die römischen Legionäre hätten sie bei ihrer Eroberung Britanniens mit auf englischen Boden gebracht. Aber die Schriften des Gratius Faliscus zeugen davon, dass es schon früher in England kleine Molosser gab, nämlich zu Zeiten, als phönizische Kaufleute auf Handelsreisen dort unterwegs waren. Die Texte des im Jahr 58 v.Chr. geborenen griechischen Geographen Strabon erwähnen im Zusammenhang mit der Überquerung des Ärmelkanals durch die Römer die »pugnaces Britanniae«, die »Kriegshunde Britanniens«, die sich großer Nachfrage für Zirkusarenen und Gladiatorenkämpfe erfreuten. Die Römer schätzten diese Hunde so sehr, dass sie sie in sämtliche Länder Europas exportierten, die sie besetzt hielten. Das mittelalterliche Schrifttum berichtet von Molossern, die in grausamen Kämpfen gegen Bullen oder Bären antraten. Besonders in England, wo man diese Hunde »Alaunts« nannte, waren solche Kämpfe verbreitet. Da die Hunde häufig dazu verwendet wurden, die Schlachtrinder zum Metzger zu treiben, nannte man sie auch »Alaunt of the butcheries« – Metzgerhunde. Die Verbindung zu den Bullenkämpfen brachte den Hunden die um 1500 in England erstmals erwähnte Bezeichnung »Bolddogge« oder »Banddogge« ein, die sich später in »Bulldog« verwandelte. Zur gleichen Zeit erwähnte man auch die Mastiffs.

Ein Society-Hund

Die Französische Bulldogge, die im einfachen Bevölkerungsmilieu einen so großen Erfolg hatte, verstand es auch stets, die Schönen, Reichen und Mächtigen in ihren Bann zu ziehen. Edward VII., die Herzogin Tatjana oder Prinz Jusupov zum Beispiel. Künstler und Schriftsteller bewunderten diesen Hund: Colette machte aus Toby-Chien einen Literaturhelden, Pierre Mac Orlan hebt die Französische Bulldogge auf einen Rang mit Menschen und Jean Cocteau singt nicht enden wollende Loblieder auf sie. Toulouse-Lautrec hat sie in seinen Gemälden mit verewigt. Was die Musikszene betrifft, haben sich Josephine Baker, Mistinguett, Coluche, Dieudonné oder Arthur und Jane Birkin von der Französischen Bulldogge verführen lassen. Auch Yves Saint-Laurent und Jean Alesi konnten ihr nicht widerstehen.

Ihre Molosser-Vorfahren sieht man der Französischen Bulldogge noch an.

Die Hundekämpfe

In England waren die »Bull Baiting« genannten Kämpfe von Hunden gegen Stiere eine Tradition. Ein Gesetz von 1272 sprach dem Adel das alleinige Recht am Bull Baiting zu und gab damit dem Schicksal der Doggen eine neue Richtung. Das einfache Volk war ab sofort verpflichtet, seinen großen und starken Wachhunden jeweils drei Zehen einer Vorderpfote zu amputieren. Ansonsten war es ihm nur erlaubt, kleinere Hunde zu halten – und das waren die eigentlichen Vorfahren der heutigen Bulldogs.

Im Jahr 1802 verbietet ein vom Parlament verabschiedetes Gesetz die Hundekämpfe. Sie werden aber trotzdem nicht sofort eingestellt und geheime Veranstaltungen ziehen nach wie vor große Zuschauermengen an. Dies ist auch die Zeit, in der Bulldogs immer häufiger mit Terriern gekreuzt werden. Daraus entstehen unter ande-

Seit dem Ende der Hundekämpfe vor 200 Jahren lebt es sich auf beiden Seiten des Ärmelkanals in Frieden:
Englische (links) und Französische Bulldogge (rechts).

Nennt mich einfach Bulli

In Frankreich wird die Französische Bulldogge einfach liebevoll mit »Boule« (die Kugel) abgekürzt, in deutschprachigen Ländern sagt man gerne »Bulli« zu ihr. In der Vergangenheit war ihr Name länger. Anfang des 16. Jahrhunderts bezeichnete man die Kampfhunde als *banddogges* oder *bolddogges*, ein Jahrhundert später hat sich der Name zu bulldogs weiterentwickelt und meint jetzt speziell zum Bullenbeißen eingesetzte Hunde. Dies impliziert eine Unterscheidung zwischen den zur Jagd eingesetzten Hatzrüden und den so genannten Mastiffs, die zum Kämpfen gebraucht wurden. In Frankreich ist der Begriff »terrier-boule« lange Zeit gebräuchlich und erinnert daran, dass die Rasse früher mit Ratten fangenden Terriern gekreuzt wurde. Als er in Frankreich heimisch wurde, nahm dieser Minimolosser den Namen »Französische Bulldogge« an. Die Engländer nennen ihn heute nicht ganz ohne Ironie »Frenchie«. Und wir am liebsten kurz und bündig »Bulli«, um jeder Diskussion ein Ende zu setzen!

Eckdaten

1272: In England ist allein der Adel zur Ausübung des »Bull Baiting« berechtigt.

1500: Die Begriffe *bolddogge* und *banddogge* tauchen als Vorgänger des Namens bulldog auf und bezeichnen den Stier- oder Bullenhund.

1802: Verbot der Hundekämpfe in England.

1848: Ankunft der ersten »Doguins« in Nordfrankreich.

1880: Gründung des ersten Liebhaberclubs für Französische Bulldoggen in Frankreich.

1882: Gründung der »Société Centrale Canine«, des nationalen Hundezuchtverbandes, in Frankreich.

1885: Erstes Zuchtbuch für Französische Bulldoggen in Frankreich.

1897: Erster amerikanischer Zuchtclub für Französische Bulldoggen.

1898: Erster Rassestandard der Französischen Bulldogge; Eintragung des ersten Hundes, Mazette, in das »Livre des Origines Françaises«.

1909: Gründung des Internationalen Klubs für Französische Bulldoggen mit Sitz in München.

1945: Zweite Fassung des Rassestandards.

rem die Bullterrier und die Staffordshire Bullterrier – und die Französische Bulldogge. Ihre Morphologie ist allerdings eine ganz andere: Dieser Hund ist kleiner und gedrungen, bewahrt den Charakter der Dogge und bietet sich deshalb ideal als Begleithund an. Seine Heimat findet er zunächst in einfachen Bevölkerungsschichten, bei den Arbeitern und Handwerkern.

Die Ankunft in Frankreich

Die Bulldogge erobert Frankreich vom Norden her. Die Spitzenklöppler aus Nottingham fliehen vor der Krise von 1848 ins Exil und nehmen Kurs auf Calais und Belgien, begleitet von ihren Hunden. Die Erfolgsgeschichte der Französischen Bulldogge beginnt gerade erst, aber der »doguin« ist auf französischem Boden schon bekannt. Er verblüfft durch sein terrierhaftes Jagdtalent auf Ratten. Vermutlich waren bereits damals Terrier und Möpse eingekreuzt worden. Dies erklärt nicht nur die Aktivität dieses Hundes, sondern auch sein Aussehen, vor allem, was Kopf und Rute betrifft.

Oben: Dieser Hund ist zwar körperlich nicht so groß wie eine Dogge, im Herzen aber schon.

Eine kurze Geschichte der Ohren

Am Ende des 19. Jahrhunderts gibt es in Frankreich zwei verschiedene Zuchtclubs für Französische Bulldoggen und kurzfristig sogar einen dritten, der sich aber nicht lange hält. Zwischen ihnen gibt es fortgesetzte Debatten über die richtige Form der Hundeohren: Der erste Club, die »Amicale des amateurs de bouledogues«, vertritt die Auffassung, der Hund solle so genannte »Muschelohren« haben, deren äußerer Rand nach außen umgebogen ist. Die zehn Jahre später gegründete »Réunion des amateurs de bouledogue français« akzeptiert diese Ohrform nicht und verlangt gerade »Fledermausohren«, genau wie der amerikanische Zuchtclub, der ein eifriger Verfechter dieser Variante ist.

Die Frage der richtigen Ohrform sorgte bei den Zuchtexperten lange Jahre für Streit.

Trotzdem ist es schwierig, ein treffendes Portrait der Französischen Bulldogge zu dieser Zeit zu zeichnen. In der Mitte des 19. Jahrhunderts werden eine ganze Reihe von Hunden als »terrier-boule« bezeichnet. Der Streit um die richtige Ohrform kommt in vollen Gang: Sollen die Ohren gerade sein wie bei einer Fledermaus oder mit umgerolltem Rand?

Ein geschätzter Rattenfänger

In den Stadtvierteln des einfachen Volkes, wo das Talent zum Rattenfangen bei einem Hund mehr zählt als seine Schönheit, hat die Französische Bulldogge zunehmenden Erfolg. Dieser Hund macht den Metzgern von La Vilette genauso viel Freude wie den Gauner- und Gangsterbanden von Paris oder den Prostituierten. Diese Beliebtheit in den unteren Bevölkerungsschichten steht einer organisierten offiziellen Rassezucht jedoch nicht im Wege. Einer der allerersten Züchter, Charles Roger, gründet den ersten Zuchtclub und verfasst

Links: Die Französische Bulldogge ist instinktiv immer noch ein guter Rattenfänger.

Rechts: Sie kann sich aber ebenso gut mondän und elegant geben.

Von einem Extrem ins andere

Im Kreise der Kynologen hat die Französische Bulldogge es anfangs schwer, Anerkennung zu finden. Paul Mégnin, Autor des Werkes »Unsere Hunde«, nimmt 1904 beim Schreiben kein Blatt vor den Mund: »Wenn Sie diese eher abscheulichen Köpfe, diese flachen Gesichter, diese platte Nase, diesen 'grinsenden' Fang sehen, dann werden Sie sich fragen, wie die Natur bloß ein so hässliches Tier erschaffen konnte.« Hätte der »Bulli« nicht echte Fans in der breiten Bevölkerung und unter den Künstlern gefunden, wäre er wohl ziemlich tief gestürzt. Der bedeutende Kynologe fährt fort: »Und doch gibt es ja auch Zwerge, Kümmerlinge und andere wunderliche Wesen. Von der Französischen Bulldogge kann man nicht als Rasse sprechen; sie ist eine angeborene Anomalie.« Bei den Schriftstellern hingegen bedenkt man den Minimolosser mit nicht enden wollenden Lobtiraden, so wie z. B. Pierre Mac Orlan: »Die kleine Französische Bulldogge ist zwar, wenn man so will, ein Hund, aber viel eher ist sie das, was man als 'jemand' bezeichnet.«

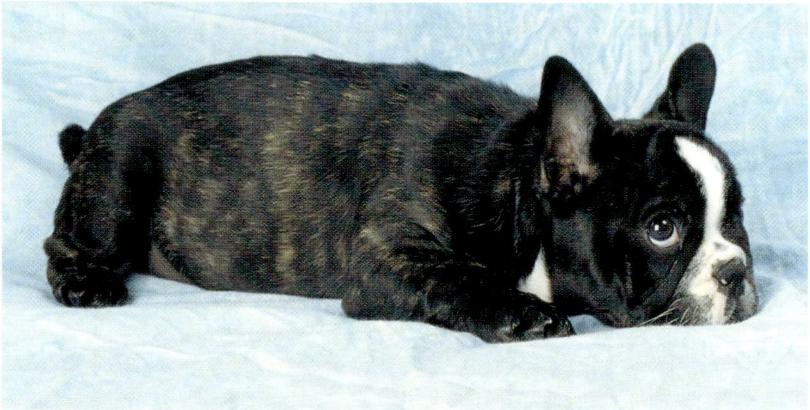

Der Raymond-Effekt

Als Raymond-Effekt bezeichnet man in Frankreich die Auswirkungen, die eine Französische Bulldogge namens Raymond hatte: Sie trat mit ihrem Besitzer im Fernsehen als Co-Moderator einer Fernsehsendung auf und weckte bei zahlreichen Zuschauern den Wunsch, mehr über diese sympathische Rasse zu erfahren. Der französische Zuchtclub verzeichnete in den Folgejahren eine noch nie zuvor da gewesene Zahl von Welpenanfragen. Die Macht der Medien!

eine präzise Beschreibung des idealen Hundes. Wir schreiben das Jahr 1880. Fünf Jahre später wird das erste Zuchtbuch für die Rasse eröffnet.

Der Hund mit dem »grinsenden Maul«, wie der Kynologe Paul Mégnin ihn zu Beginn des 20. Jahrhunderts bezeichnete, spaltet die Meinungen: Im Jahr 1890 wird ein weiterer Club gegründet, die »Réunion des amateurs de bouledogues français«. Dahinter standen zwei Männer: Gordon Benett,

Nicht nur die Ohren gaben Anlass zum Streit, auch in Bezug auf die Form des Fangs waren die Geschmäcker verschieden.

Rechte Seite: 15 Kilo sind zu viel: Der Standard sieht 8 - 14 Kilo vor.

ein amerikanischer Industrieller, und Menans de Corre, ein renommierter Kynologe. Die friedliche Koexistenz beider Clubs währt aber nur kurze Zeit. Beide haben unterschiedliche Vorstellungen vom Idealtyp des Hundes und der zweite Club sieht die »muschelförmigen« Ohren mit dem umgeknickten Rand nicht gerne.

Gewichtige Fragen

Auch das Idealgewicht der Französischen Bulldogge führt zu heißen Diskussionen. Die von der »Amicale des amateurs« akzeptierten 15 kg werden von der »Réunion des amateurs« abgelehnt, die 11 kg für Rüden und 10 kg für Hündinnen vorschreibt.

Seit dem Zweiten Weltkrieg erfährt die Rasse kräftigen Rückenwind.

Der Baron Carayon de la Tour, selbst glücklicher Besitzer einer Französischen Bulldogge und Verwaltungsratsmitglied der Société Centrale Canine, spricht sich für eine Annäherung der Positionen aus und bereitet den ersten Rassestandard der Französischen Bulldogge für die Veröffentlichung im Jahr 1898 vor. Im gleichen Jahr wird die zweijährige Hündin Mazette als erste Französische Bulldogge in das »Livre des origines français« eingetragen.

Ab da ist die Französische Bulldogge immer öfter in Zeitschriften und auf modischen Gravuren zu sehen. Nach den Wirren des Ersten Weltkrieges erfährt sie erst nach Ende des Zweiten Weltkrieges wieder einen bedeuteten Aufschwung, als 1945 der überarbeitete Rassestandard veröffentlicht wird und die Zuchtselektion weiter fortschreitet. Sowohl in Frankreich als auch im Ausland lassen sich immer mehr Künstler und Schriftsteller von der »Boule« mit dem so anhänglichen Wesen verzaubern.

Wesen

Ein starker Charakter

Der Herkunft nach halb Dogge und halb Terrier, hat die Französische Bulldogge viel Temperament. Dieser kleine Dreikäsehoch ist lebhaft, energisch und sehr anhänglich. Er schäumt über vor Liebe zu seinem Menschen und fühlt sich in der Stadt genauso wohl wie auf dem Land. Sport ist allerdings nicht gerade seine Stärke.

Trotz ihres drolligen Aussehens sollte man die Französische Bulldogge nicht ihren Kopf durchsetzen lassen.

Das Aussehen eines geschrumpften Molossers lässt vielleicht manch einen vermuten, dass dieser Hund fest zubeißen kann und man ihm zeigen muss, wer der Herr ist, damit er nicht aggressiv wird. Nichts falscher als das! Die Französische Bulldogge ist kein schwieriger Hund, wohl aber einer, der sich nicht gerne auf die Zehen treten lässt. Wird er mit Artgenossen konfrontiert, die unbedingt über ihm stehen möchten, kann er auch schon mal einen Streit anfangen. Die Französische Bulldogge ist eher ein dominanter Hund, aber in keinem Fall aggressiv gegenüber Menschen.

Es liegt am Besitzer, bei der Erziehung keine Zugeständnisse zu machen. Sicher lässt man sich nur zu leicht von ihrem lustigen Gesichtsausdruck erweichen und vergisst dabei, dass dieser Minimolosser sofort bei kleinster Gelegenheit seine Chance wahrnehmen wird, den eigenen Kopf durchzusetzen. Und dann wird es umso schwieriger, ihn wieder auf den richtigen Kurs zu bringen! Die Französische Bulldogge lässt sich nicht lange bitten, wenn sie anderen Hunden gegenüber ihre Machtposition durchsetzen möchte, und auch bei allzu nachgiebigen Besitzern macht sie da keine Ausnahme.

Brav und anhänglich

Der vorrangige Weg zum Erfolg besteht darin, dass Sie Ihrer Französischen Bulldogge sofort klar machen, wer Chef Ihres Rudels ist. Wenn er erst einmal brav und gehorsam ist, ist dieser Hund äußerst anhänglich. Er zeigt sogar so große Zuneigung zu seinem Menschen, dass er eifersüchtig werden kann. Das lässt praktisch

Rechts: Im Umgang mit Artgenossen hat dieser kleine Hund gerne das Sagen!

nur einen Ausweg zu: Eine Französische Bulldogge niemals allein zu lassen. Die Einsamkeit ist für sie so bedrohlich wie der Schwarze Mann. Ihr Platz ist zuhause, in der Mitte der Ihren, und nicht etwa alleine in einem Zwinger oder in vier Wänden eingesperrt und auf die Rückkehr ihres Menschen wartend. Diese Situation ist für eine Französische Bulldogge unerträglich.

Aus ihrem etwas mürrischen Gesichtsausdruck könnte man schließen, dass sie leicht verstimmt ist. Im Gegenteil, sie ist ein sehr lebenslustiger Hund mit gutem Wesen, den man nicht vor den Kopf stoßen sollte. Noch nicht einmal an ihn gerichtete heftige Gesten oder laute Schimpftiraden können ihn zum Rebellen werden lassen. Die Französische Bulldogge versteht sehr gut, was sie tun soll und respektiert gerne die Wünsche ihres Meisters. Man muss sich ihr gegenüber nur verständlich zu machen wissen, von einmal aufgestellten Regeln nicht mehr abweichen und nicht jedes Familienmitglied etwas anderes sagen

Auch wenn sie immer etwas mürrisch aussieht (rechts), ist die Französische Bulldogge doch ein fröhlicher, lebenslustiger Hund (links).

Rüde oder Hündin?

Eine unvermeidliche Frage, wenn man es wie hier mit einem Molosser zu tun hat. Was das Wesen betrifft, gibt es hier deutliche Unterschiede. Bei einem eher dominant veranlagten Hund wie der Französischen Bulldogge treten sie umso deutlicher hervor. Beim Rüden sind diese Wesenszüge noch stärker ausgeprägt. Ein Besitzer, der sich leicht erweichen lässt und der Niedlichkeit eines Welpen nicht widerstehen kann, tut besser daran, sich eine Hündin auszusuchen. Er wird ihre sanfte und zärtliche Seite zu schätzen wissen. Ist man allerdings der Typ, dem es in der Erziehung nicht schwer fällt, konsequent zu sein, hat man auch an einem Rüden tausendfache Freude.

Die Französische Bulldogge ist kein geborener Leistungssportler, auch wenn sie lebhaft und energisch ist.

Sport in Maßen

Die lebhafte und energische Französische Bulldogge drückt sich nicht vor körperlicher Betätigung – im Gegenteil, häufig überschätzt sie ihre Kräfte. Eigentlich müsste sie ein sportlicher Hund sein. Manchmal trifft man sie auf Agilityplätzen, aber ein solcher Sport ist ihr nur möglich, wenn die Trainingsstunden kurz sind. Aufgrund ihrer Morphologie ist die Französische Bulldogge nicht für den intensiven Sport gebaut. Der Rücken ist eher schwach und die brachyzephale Schädelform (abgeflachte Nase mit verengten Nasenlöchern) führt dazu, dass sie schnell außer Atem kommt. Besser geht man regelmäßig mit ihr spazieren, anstatt sie zum Leistungssportler machen zu wollen. Die Französische Bulldogge genießt auch das Stubenhockerdasein, wenngleich man diese Vorliebe natürlich nicht bei ihr fördern sollte!

lassen. Alle im Haus lebenden Personen müssen da die gleiche Sprache sprechen: so wird die Französische Bulldogge auch zuverlässig gehorchen. Was diesen lustigen Gesellen keinesfalls daran hindert, ab und zu Unfug zu treiben und Sie zum Narren zu halten! Diese Eigenschaft hat sie zweifellos von ihren Terriervorfahren geerbt. Wenn sie im Garten herumtollen kann, ist die Französische Bulldogge eine echte Stimmungskanone und ist dem Ausgraben von Maulwürfen oder Verfolgen von Wühlmäusen nicht abgeneigt. Trotz ihrer kleinen Statur legt sie eine solche Energie an den Tag, dass sie sich häufig übernimmt. Ihre Hyperaktivität muss deshalb in die richtigen Bahnen gelenkt werden, besonders im Sommer. Hitze verträgt sie nur schlecht und ist anfällig für Überhitzung oder Hitzschlag.

Begleiter der Künstler

In der Stadt gibt sich dieser Hund auch mit einem ruhigeren Lebensrhythmus zufrieden. Die Hauptsache ist, dass er regelmäßig jeden Tag Bewegung in Form eines kleinen Spazierganges um den Block oder in den Park bekommt. Dann

Spaß im Grünen. Der Bulli vergnügt sich gerne im Garten.

ruht er sich gerne für den Rest des Tages aus. Die Französische Bulldogge liebt einen solchen Lebensstil. Sie ist daher die ideale Begleiterin für Künstler oder Schriftsteller, die viel zuhause arbeiten und denen sie den ganzen Tag Gesellschaft leisten kann. Auch zu Rentnern und deren ruhigerem Alltag passt sie perfekt.

Große Freunde

Die Französische Bulldogge ist zwar ein geselliger Typ, kommt aber nicht mit jedem Hausbewohner gut aus. Mit Katzen ist eine friedliche Einigung möglich, auch wenn sie dazu neigt, diese unterordnen zu wollen. Gute Beziehungen kann sie auch zu anderen Hunden aufbauen, es sei denn, man bringt sie in eine Konkurrenzsituation. Ein Trio aus zwei Rüden und einer Hündin wäre eine ganz schlechte Idee. Hier sind Reibereien vorprogrammiert, denn die Französische Bulldogge lässt sich in dieser Hinsicht nichts erzählen. Größere Hunde sind hingegen häufig eher nach ihrem Geschmack. Gar nicht so selten sieht man, dass sie sich in der Gesellschaft von Molossern mit beeindruckenden Körpermaßen pudelwohl fühlt. Diese Zusammenstellung von Groß und Klein findet man häufig bei Liebhabern der Molosserrassen.

Links: Ihre Zähne weiß sie immer noch einzusetzen – wie ihre Vorfahren!

Auch ein ruhiges Dasein zuhause genießt die Französische Bulldogge.

Die ganz persönliche Bulldogge

Die Französische Bulldogge lässt sich gut und gern in verschiedenem Gewand präsentieren: Sie ist lebhaft und bestimmt, anhänglich und besitzergreifend und zweifellos auch dominant – innerhalb der Rasse gibt es verschiedene Nuancen, je nach Zuchtlinie sowie Erziehung und Sozialisation des Welpen. Deshalb ist die sorgfältige Auswahl eines Welpen, der zur eigenen Persönlichkeit passt, so wichtig. Vor allem muss der Welpe ein ausgeglichenes Wesen als Grundlage haben. Dann ist es eine Frage des persönlichen Geschmacks, ob man lieber einen etwas lebhafteren oder etwas zurückhaltenderen Hund möchte. Beobachten Sie dazu alle Welpen des Wurfes genau. Teilen Sie auch dem Züchter Ihre Wünsche und Vorstellungen mit, denn der kennt seine Welpen am besten und hat eine genaue Vorstellung von der Persönlichkeit jedes einzelnen.

Man sagt von der Französischen Bulldogge, dass sie genau wie ihre Molosser-Vorfahren auch überlegt und bedacht handelt. Trotz ihres Fliegengewichtes ist sie sich ihrer Kraft bewusst und ist bereit zu reagieren, wenn die Situation es erfordert. Es ist deshalb nicht ratsam, diese kleine Dogge wirklich zu ärgern.

Rechts: Bei Bedarf weiß der Bulli auch, wie man jemand auf Distanz hält.

Interview

»Eine regelrechte Geburten-explosion«
Élyse Waget, Präsidentin des CBF

Seit 1995 leitet Élyse Waget den 1880 unter dem Namen »Amicale du bouledogue« gegründeten CBF (Club du bouledogue français – französischer Zuchtverband). Zwischenzeitlich hieß er auch einmal »Réunion des amateurs de bouldedogues français«. Der CBF ist seit 1898 dem nationalen französischen Dachverband Société Centrale Canine angeschlossen und sieht der Zukunft der Rasse angesichts der hohen Welpenzahlen optimistisch entgegen.

Wie ist die Situation des Clubs für Französische Bulldoggen heute?
Mit 1045 Mitgliedern steht er gut da. Diese Zahlen halten aber nicht mit der Geburtenexplosion mit. Die Welpenzahlen haben sich von 1768 im Jahr 2001 auf 2440 im Jahr 2002 erhöht, das ist eine Steigerung von 40%. Sicher ist es für die Welpenkäufer schwierig, noch die 36 Euro Mitgliedsbeitrag auf den Kaufpreis für eine Französische Bulldogge draufzuzahlen, der um die 1500 Euro liegt.

Welche Mitteilungswege stehen dem Club zur Verfügung?
Wir veröffentlichen eine viermal im Jahr erscheinende Zeitschrift und haben im Februar 2003 die Internetseite www.cbf.asso.fr ins Netz gestellt. In dreieinhalb Monaten zählten wir darauf 90 000 Besucher.

Frankreich hat das Patronat für den Rassestandard. Was bedeutet das für den Club?
Die Amerikaner haben ja nicht den gleichen Standard. Sie akzeptieren ein cremefarbenes Haarkleid für die Französische Bulldogge, diese Farbe ist in Frankreich nicht zugelassen. In Europa gibt es zahlreiche Züchter für die Rasse, besonders in Holland und Deutschland. Die Züchter in diesen Ländern achten sehr genau auf die Vorgaben des CBF. Sie halten sich zum Beispiel an das im Standard festgelegte Gewicht von 14 kg, obwohl dieses vorher einmal auf 16 kg erhöht worden war. Bei fauve-gestromten Hunden mit mittlerer Weißscheckung (»caille«) werden übrigens auch helle Lidränder toleriert. Insgesamt stelle ich fest, dass trotz der stark gestiegenen Welpenzahlen keine Degeneration stattfindet. Wir haben sehr schöne Hunde.

Was ist Ihr Hauptanliegen?
Wir sind sehr wachsam, was den Standard angeht. Dabei haben wir aber auch Prioritäten gesetzt, in einigen Punkten Zugeständnisse gemacht und Merkmale akzeptiert wie zum Beispiel helle Krallen bei den Gestromten oder die Fliegenschimmel-Sprenkelung bei den Caille-farbenen. Die Hauptsache

Hauptthema: Der Rassestandard.

Ein kluger Kopf!

ist, dass der Hund einen schönen Kopf hat, dass er gut atmen kann und ein gutes Wesen besitzt. Ist das der Fall, sind wir zufrieden. Wert legen wir auf Folgendes: Der Hund muss im Bulldoggentyp stehen, leicht reizbare Tiere sind auszuschließen (was besonders bei dominanten Rüden vorkommen kann) und das Tier muss einen guten Gesundheitszustand haben. Eine Französische Bulldogge muss normal atmen können und es darf keine Stenose (Verengung) der Nasenöffnungen vorliegen. Zum Glück findet man diesen Fehler heute immer seltener. Was das Gewicht betrifft, so darf es nicht über 14 kg liegen: Die Französische Bulldogge ist ein Begleithund, den man auch gern einmal auf dem Schoß haben möchte. Dieses Ziel wurde auch immer von meinem Vorgänger Herrn Réan verfolgt, der 20 Jahre lang, bis 1995, Clubvorsitzender war. Er hat bewirkt, dass die Rasse nicht in die FCI-Gruppe 2 gerät, sondern in der 9. Gruppe der Gesellschafts- und Begleithunde bleibt. Dem muss die Französische Bulldogge entsprechen, sie muss sympathisch sein.

Wie würden Sie die Französische Bulldogge ganz kurz charakterisieren?

Sie ist ein Mittelding zwischen Mensch und Hund, von außerordentlich feinem Verständnis und sehr sensibel. Ich habe diese Hunde immer geliebt. Gerne bezeichnet man sie als eine Art Außerirdische. Man findet sie lustig, aber Achtung: Bei schlechter Erziehung kann sie zu einem echten Teufel werden.

Wie erklären Sie sich den Erfolg, den die Rasse vor allem bei Künstlern und Literaten hatte?

Die Bulldogge wurde von »Hundehändlern« gezüchtet, jagte Ratten und anderes Ungeziefer und begleitete die Kutscher im Wagen. Über das Dienstpersonal wurden die reichen Leute auf diese Hunde aufmerksam und verfielen ihrem Charme.

Welche Art von Mensch ist heute der typische Bulldoggen-Besitzer?

Dieser Hund gefällt immer mehr Menschen. Sehr gefragt ist er von Rentnern, die früher Boxer hatten und nun einen kleineren Hund möchten, den sie problemlos mit in Urlaub nehmen können. Die Französische Bulldogge kommt auch sehr gut bei kleinen Kindern an, weil sie ein toller Begleiter ist und unermüdlich mitspielt. Sie spricht Intellektuelle, Künstler oder Modeschöpfer an, weil sie lustig und originell ist und irgendwie die typisch französische Mentalität widerspiegelt. Sie ist sanft und immer auf der Suche nach Zärtlichkeiten und andererseits ein mürrischer Griesgram, der auch aufsässig werden kann. Wie wir Franzosen eben. Meiner Meinung nach ist sie der Hund aller Franzosen.

Adressen:
CBF – Club du Bouledogue Français
Bonnet – Route de Vallandry
F – 49490 Lasse

Deutscher Zuchtverband:
Internationaler Klub für Französische Bulldoggen e.V. (IKFB)
Geschäftsstelle
Frau Renate Lotz
Crufterostr. 6
D – 65830 Kriftel
Tel.: 0 61 92 97 92 88
E-Mail: lo.rena@t-online.de
Internet http://www.ikfb.de

Kauf

Die Welpenauswahl

Die Französische Bulldogge hat kräftigen Rückenwind: Man sieht sie und möchte sie haben. Das Angebot ist trotz der in den letzten Jahren stark gestiegenen Welpenzahlen oft immer noch nicht ausreichend. Wie findet man da den richtigen Hund für sich?

Bevor Sie sich auf die Suche nach dem idealen Welpen machen, müssen Sie von Ihrer Entscheidung wirklich überzeugt sein: Ist die Französische Bulldogge der Hund, den Sie brauchen? Wird er sich in Ihren Haushalt einfügen? Sich in ein schon bestehendes Hunderudel integrieren? Oder allein mit Ihnen glücklich sein? Vorsicht! Wenn Sie den ganzen Tag außer Haus sind und Ihre Französische Bulldogge nicht mitnehmen können, sollten Sie auf die Erfüllung des schönen Traums verzichten: Dieser Hund ist absolut nicht zum Alleinsein geschaffen. Er verabscheut die Einsamkeit. Wenn aber kein Hindernis im Weg steht und Sie sich sicher sind, dann ist es Zeit, auf Welpensuche zu gehen.

Beim Zuchtverband erhalten Sie eine Liste der Züchter in Ihrer Region oder sogar eine Welpenverkaufsliste. Auch in speziellen Hundezeitschriften finden Sie die Adressen vieler Züchter.

Links: Die Qual der Wahl!

Rechts: Man sieht ihn und möchte ihn haben!

Wie wird er als Erwachsener sein?

Ohne sich dabei zu überstürzen, könnten Sie sich für den Anfang vornehmen, verschiedene Züchter zu besuchen und sie nach allen Vor- und Nachteilen des Zusammenlebens mit einer Französischen Bulldogge zu befragen. Um sich eine Vorstellung davon zu machen, wie der Welpe als Erwachsener aussehen wird, kann man sich Fotos der Eltern oder von anderen Hunden aus der gleichen Zuchtlinie zeigen lassen. Stürzen Sie sich keinesfalls auf den erstbesten Welpen, der Ihnen begegnet! Haben Sie lieber etwas Geduld und sparen Sie vor allem nicht am falschen Ende. Machen Sie Ihre Entscheidung nicht von ein paar Euro abhängig, sondern suchen Sie nach perfekter Qualität.

Eines müssen Sie wissen: Französische Bulldoggen bekommt man nicht geschenkt, denn die Rasse ist nicht leicht zu züchten. Für einen acht Wochen alten geimpften Welpen mit Ahnentafel müssen Sie mit einem Preis zwischen 900 und 1500 Euro rechnen. Falls Sie unbedingt einen Welpen mit der sehr gesuchten Fellfarbe »caille« (weiß erscheinend) haben möchten, müssen Sie sich darauf einstellen, im Voraus zahlen zu müssen. Erst recht, wenn es sich um eine Hündin handelt.

Wie bei allen anderen Welpen auch muss man wissen, welche Zukunft man ihm bieten möchte. Soll es ein reiner Gesellschaftshund werden? Oder möchten Sie sich der Konkurrenz stellen und ihn vor den kritischen Augen von Richtern auf großen Hundeausstellungen zeigen? In letzterem Fall werden Sie etwas mehr Geld ausgeben müssen. Bei einem künftigen Ausstellungshund empfiehlt es sich außerdem, noch ein paar Wochen länger zu warten, um seinen tatsächlichen Körperbau besser beurteilen zu können.

Möglicherweise bietet der Züchter Ihnen eine Garantie an, zum Beispiel dahingehend, dass er Ihnen einen Teil der Kaufsumme rücker-

Sehr gefragte Welpen

2001 war ein Rekordjahr für die Französische Bulldogge. Die Zahl der Eintragungen verdoppelte sich und katapultierte die Rasse nach den Daten der SCC auf Rang sieben der Beliebtheitsskala aller Hunderassen.

Welche Zukunft wird er haben? Ausstellungs- oder Familienhund?

Oben: Bei dieser lustigen Viererbande fällt es schwer, die Wahl für einen Welpen zu treffen.

Rechts: »Was ich dir jetzt sage, ist streng geheim!"

stattet, falls der Hund einen Mangel hat, der seine Zucht- oder Ausstellungskarriere behindert. Sind Ihnen solche Überlegungen nicht wichtig, können Sie sich auch an einen Gelegenheitszüchter wenden, können diesen dann aber kaum in Anspruch nehmen, falls es zu Problemen kommen sollte.

Menschennähe gefragt

Ob man eine Französische Bulldogge auch in einer Tierhandlung kaufen kann? Kann man, sollte man aber nicht. Billiger ist sie dort jedenfalls nicht, und zweifellos ist es die bessere Wahl, einen Welpen zu kaufen, der mit seinen Geschwistern aufgewachsen ist und dem menschliche Berührungen und Stimmen vertraut sind. Bei einem guten Züchter bekommt der Welpe schon die Grundlagen seiner Erziehung und Sozialisation, wobei dies vom Alter abhängt, in dem der Welpe abgegeben wird.

Händler, die mit Hundewelpen umgehen wie mit jeder anderen leblosen Ware, haben fast immer etwas zu verbergen: Hat der Welpe einen versteckten Mangel? Warum ist er billiger? Ist er krank? Hat er ein sonderbares Wesen? Oder hat er einfach keine Ahnentafel und seine Herkunft ist unbekannt? Ist Letzteres der Fall, handelt es sich um einen Hund vom »Typ Französische Bulldogge«, aber um keinen

Rassehund. Dann darf man auch nicht erwarten, dass die typischen positiven Eigenschaften der Französischen Bulldogge bei ihm vorhanden sind.

Wie heißt er denn?

Oft hat man schon vor dem Kauf eine Vorstellung davon, wie der Welpe heißen soll. Die ganze Familie hat sich Gedanken gemacht und einen lustigen oder im Gegenteil vornehm und mondän klingenden Namen vorgeschlagen.

Oder man wartet, bis man den Welpen sieht, um ihm dann einen Namen zu geben, der zu seinem Aussehen oder zu seiner Persönlichkeit passt. Nur eins ist sicher: Der Name muss mit dem Buchstaben beginnen, der vom Zuchtverband für Welpen dieses Jahrgangs festgelegt ist (in Frankreich, Anm. d. Übers.). So haben beispielsweise alle im Jahr 2003 geborenen Französischen Bulldoggen einen Namen, der mit U beginnt. 2004 müssen folglich alle Namen auf V beginnen wie zum Beispiel Vadrouille, Volcan, Venus, Violette, Vuitton, Vicomte ... Diejenigen Buchstaben des Alphabets, die zu großem Kopfzerbrechen bei der Namenswahl führen würden, sind in Frankreich von der Liste ausgeschlossen, nämlich W, X, Y, Z, K und Q.

Ist man gar nicht mit dem Namen einverstanden, den der Züchter dem Welpen gegeben hat, kann

Um einen passenden Namen für den Hund zu finden, reicht es oft, seine Persönlichkeit genau zu beobachten.

man seinen Begleiter natürlich auch umtaufen. Nur für allen offiziellen Papierkram muss auch weiterhin der offiziell vom Züchter vergebene Name benutzt werden. Manche Welpen haben auch einen »Zwingernamen«, der wie ein Nachname seine Zuchtstätte bezeichnet. So kann ein 2004 geborener Rüde zum Beispiel »Vicomte de Longchamp« heißen. Wenn das kein Name ist, auf den man stolz sein kann! Manche Züchter sind so bekannt und renommiert, dass ihr Zwingername ein echtes Qualitätslabel für die Hunde ist.

Suchen Sie nur nach einem Hund von perfekter Qualität.

Die Ausweispapiere

Ein Welpe ist keine gewöhnliche Handelsware: Er muss mit den notwendigen Begleitpapieren verkauft werden. Die Kaufunterlagen müssen sorgfältig aufbewahrt werden.

Kaufvertrag

Selbst bei einer kostenlosen Abgabe ist dieses Dokument unverzichtbar. Bei Übernahme eines Welpen muss der Kaufvertrag folgende Angaben enthalten: Name und Anschrift von Käufer und Verkäufer, Adresse des behandelnden Tierarztes, genaue Beschreibung des Welpen, Wurfdatum, Kaufpreis, Zahlungsart und Übergabebedingungen. Überprüfen Sie unbedingt das Übergabedatum, denn es kann spater wichtig für Sie werden, falls es darum gehen sollte, ob der Welpe eine bestimmte Krankheit schon bei Übernahme hatte und Sie den Züchter in Regress nehmen möchten. Halten Sie auch im Vertrag fest, für welchen Zweck der Hund gedacht ist: Gesellschaftshund, für Ausstellungen, zur Zucht? Im Vertrag eventuell formulierte Haftungsausschlüsse von Seiten des Züchters sind übrigens rechtlich unwirksam. Ein professioneller Züchter stellt dem Käufer auch eine Rechnung aus.

Achten Sie auf vollständige Angaben im Kaufvertrag. Die Zuchtverbände halten Musterverträge bereit.

Rechts: Der Hund muss dem Standard seiner Rasse entsprechen.

Ahnentafel

Die Ahnentafel wird vom Zuchtverband ausgestellt und gehört untrennbar zum Hund. Der Züchter beantragt sie für seine Welpen. Hier werden auch der Besitzwechsel vermerkt und die Zuchtbuchnummer sowie die Mikrochip- oder Tätowiernummer eingetragen. In Deutschland ist der zuchtbuchführende Verband der dem Dachverband VDH (Verband für das Deutsche Hundewesen) unterstehende IKFB (Internationaler Klub für Französische Bulldoggen e.V.). Der VDH wiederum untersteht genau wie der französische Dachverband Société Centrale Canine der internationalen europäischen Dachorganisation für Hundezucht, F.C.I. (Fédération Cynologique Internationale) mit Sitz in Belgien. Die Ahnentafel belegt die Abstammung des Welpen über drei Generationen. Falls der Züchter die Ahnentafel zum Zeitpunkt der Abgabe des Welpen noch nicht vorliegen hat (was durchaus vorkommen kann), lassen Sie die Anschrift des Vereins, bei dem die Ahnentafel beantragt ist, sowie die Nummer des Wurfabnahmeprotokolls im Kaufvertrag vermerken.

Impfpass

Kein seriöser Züchter wird einen Welpen ohne Impfpass abgeben, auch wenn dies nicht zwingend vorgeschrieben ist. Noch besser ist, wenn gleich der seit 2004 gültige EU-Heimtierpass mitgegeben wird. Er ersetzt den alten Impfpass und ist bei Reisen ins Ausland mit Hund Pflicht. Mit 7 bis 8 Wochen erhält der Welpe seine ersten Schutzimpfungen, die im Impf- bzw. Heimtierpass vermerkt wer-

den. Auch Mikrochip- bzw. Tätowiernummer werden dort eingetragen. Der Impfpass muss bei jeder Hundeausstellung vorgelegt werden und sollte bei jedem Tierarztbesuch vorgezeigt werden.

Gesundheitszeugnis

Gewissenhafte Züchter geben ihren Welpen bei der Abgabe außerdem ein aktuelles tierärztliches Gesundheitszeugnis mit, schon aus dem Grund, um sich selbst vor späteren »Reklamationen« abzusichern. Ein solches Gesundheitszeugnis ist auch für Sie als Käufer ein Stück Sicherheit. Es sollte nicht älter als fünfzehn Tage sein.

Futterplan

Sehr sinnvoll ist, wenn der Züchter Ihnen einen Plan mitgibt, wie Sie den Welpen in den nächsten Tagen und Wochen füttern sollten. So vermeiden Sie plötzliche Umstel-

Links: Gute Gesundheit hat auch mit Hygiene und regelmäßigen, ab der 7. Lebenswoche durchgeführten Impfungen zu tun.

Rechts: Ihre Verspieltheit kommt der Französischen Bulldogge im Umgang mit Kindern zunutze.

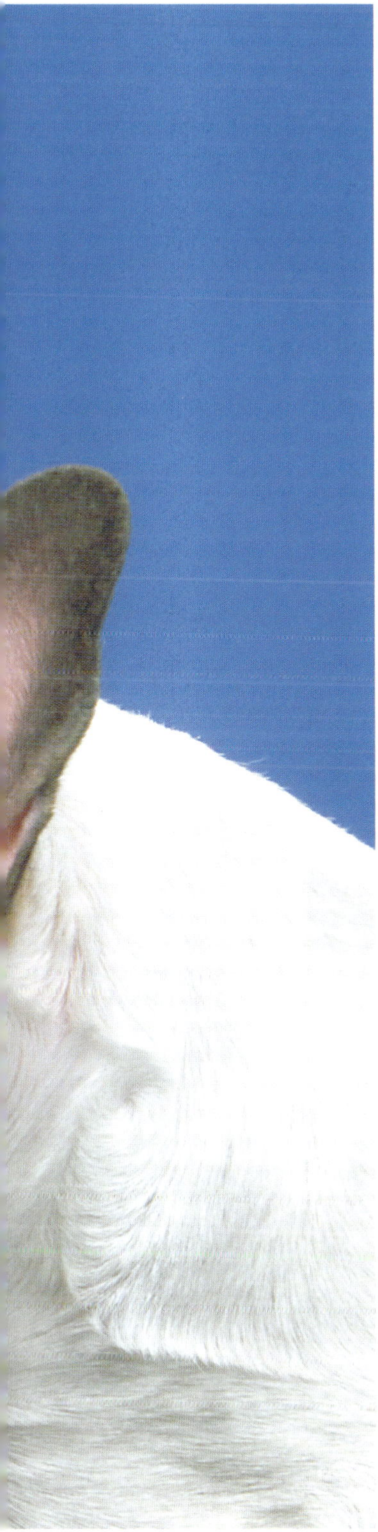

lungen, die dem Kleinen auf den Magen schlagen könnten. Viele Züchter geben den Welpen auch ein »Startpaket« des gewohnten Futters mit. Ob Sie dies dann auf Dauer beibehalten oder allmählich mit einem anderen Futter mischen, ist Ihre Entscheidung.

Links: »Zeig mal, ob dein Gebiss auch dem Standard entspricht ...«

Unten: Ein Molosser in Kleinformat.

Gesundheit

Das kleine Kraftpaket

Die Französische Bulldogge ist als Molosser im Miniformat kräftig und widerstandsfähig. Die besondere Morphologie der kurzschädeligen Hunderassen beschert ihr jedoch auch einige empfindliche Punkte, auf die der Besitzer Rücksicht nehmen sollte.

Mit ihrem kurzen, breiten und runden Kopf, der typisch für die brachyzephalen Hunderassen ist, ist der Französischen Bulldogge keine ausreichende Durchlüftung der Lungen möglich. Auch die kleinen und zurück versetzten Nasenöffnungen sind für ein tiefes Einatmen ein wenig störend. Das Problem ist, dass der Hund seine Körpertemperatur nicht wie der Mensch über das Schwitzen regulieren kann, sondern nur über eine beschleunigte Atmung. Und genau das kann bei der Französischen Bulldogge schwierig werden. Wenn sie etwas nicht verträgt, dann Überhitzung.

Vorsicht vor zu viel Sonne

Achtung im Sommer! Die Französische Bulldogge fühlt sich nicht sehr wohl in ihrer Haut, wenn die Temperaturen Rekordwerte erreichen. Weil sie nicht genug Luft in ihre Lungen bekommt, steigt ihre Körpertemperatur zu stark an und es kann zu einer Ohnmacht kommen. Wenn dieser Zustand zu lange anhält, ist der Ausgang tödlich. Leider passieren im Sommer immer wieder die gleichen Tragödien: Die Besitzer ahnen nichts Schlimmes, wenn sie das Auto mit Hund darin im Schatten und mit halb geöffnetem Fenster an der Straße parken. Aber sie vergessen häufig, dass die Sonne wandert und dass die Temperatur im Auto plötzlich rapide ansteigt, wenn es von Sonnenstrahlen getroffen wird und sich in einen wahren Backofen verwandelt.

Auch im Garten muss der Hund jederzeit Gelegenheit haben, Schatten aufzusuchen.

Bakteriennester

Die Hautfalten im Gesicht der Französischen Bulldogge sind ideale Nester für Bakterien. Hier können sie sich geschützt und ungestört vermehren und Hautreizungen verursachen. Deshalb ist es wichtig, vorzubeugen und die Hautfalten regelmäßig zu reinigen. Bei gleicher Gelegenheit können Sie dann auch Ohren und Augen säubern. Was die Fellpflege betrifft, so sollte der Hund einmal wöchentlich leicht gebürstet werden. Eine weiche Bürste oder ein Fellpflegehandschuh helfen, die abgestorbenen Haare loszuwerden.

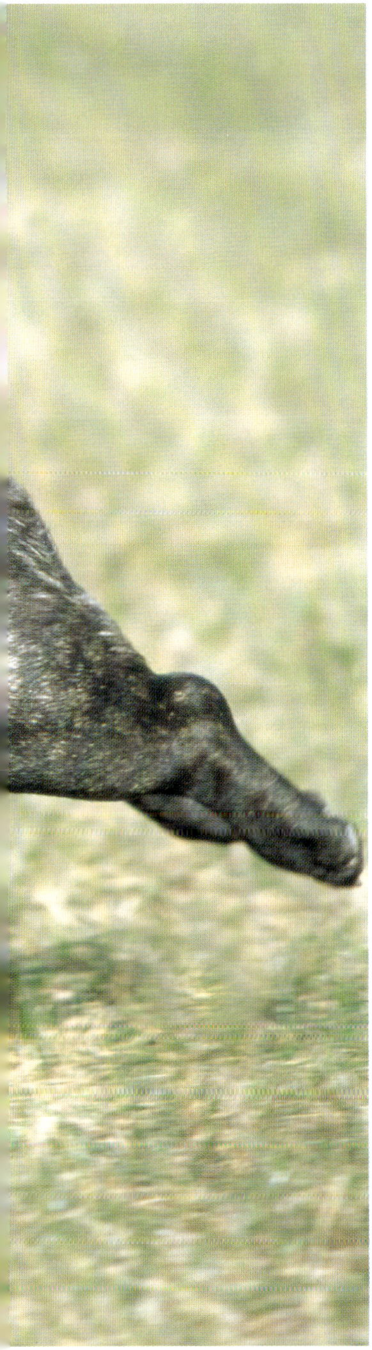

Das Gleiche kann passieren, wenn die Französische Bulldogge in praller Sonne ein Mittagsschläfchen hält und daraus nicht mehr aufwacht ... von der Hitze im wahrsten Sinne des Wortes eingeschläfert. Also haben Sie ein Auge auf Ihren Hund. Er sollte sich an einem schattigen Plätzchen ausruhen, vielleicht unter einem Schirm, einem Baum oder im kühlen Haus. Es ist dringend davon abzuraten, bei großer Hitze mit ihm zu spielen und ihn herumtoben zu lassen. Schließt man diese Möglichkeiten der Überhitzung aus, wird die Französische Bulldogge vor Gesundheit nur so strotzen. Einige Dinge können ihr das Leben leichter machen, so zum Beispiel eine Klimaanlage im Auto oder zumindest ein Luftbefeuchter.

Nasenfragen

Die mit der typischen Bulldoggen-Morphologie verbundenen Atemschwierigkeiten sind umso schlimmer, je übertriebener das Merkmal der Kurznasigkeit herausgezüchtet wurde. Je enger die Nasenöffnungen, desto schlechter bekommt der Hund Luft und es droht

Sport ja, aber niemals bei großer Hitze.

Regelmäßige Impfungen

Auch die Französische Bulldogge ist nicht vor den üblichen Hundekrankheiten mit möglicherweise tödlichem Ausgang gefeit: Staupe, ansteckende Leberentzündung (Hepatitis contagiosa canis), Parvovirose, Leptospirose oder Piroplasmose. Zum Glück kann man sie durch Impfungen schützen. In etwa der siebten Lebenswoche sollte die erste Schutzimpfung erfolgen, die dann nach vier Wochen noch einmal wiederholt werden muss, um die Grundimmunisierung herzustellen. Anschließend reichen jährliche Auffrischungsimpfungen, damit diese gefährlichen Erkrankungen ihr nichts anhaben können. Der Tierarzt untersucht den Hund vor jeder Impfung (nur gesunde Hunde dürfen geimpft werden!) und trägt alle Impfungen mit der Angabe des verwendeten Impfstoffs in den Impfpass ein.

Der Rücken der Französischen Bulldogge besitzt eine typische Aufwölbung, die man als »Karpfenrücken« bezeichnet.

eine Stenose (Verengung) der Atemwege, die wiederum eine starke Neigung zum Schnarchen begünstigt. Ein Problem, das sich mit einem kleinen operativen Eingriff lösen lässt: Der Tierarzt kann die Atemwege der Nase unter Vollnarkose künstlich erweitern.

Das Gaumensegel

Die brachyzephalen (kurzschädeligen) Hunderassen sind noch in einer weiteren Hinsicht relativ häufig Sorgenkinder und auch die Französische Bulldogge bleibt nicht verschont: Das Gaumensegel kann zu lang sein, was den Hund zu vermehrter Anstrengung beim Einatmen zwingt, um genug Luft zu bekommen. Hier ist eine operative Behandlung möglich.

Empfindlicher Rücken

Die Französische Bulldogge kann auch mit Rückenproblemen zu tun haben. Diese Empfindlichkeit ist innerhalb der Rasse häufig und rührt von einer typischen Aufwölbung des Rückens, die man als Karpfenrücken bezeichnet. Diese Rückenform begünstigt eine frühzeitige Abnutzung der Bandscheiben und führt im Endergebnis zu einem Bandscheibenvorfall. Der Hund leidet zunächst unter starken Schmerzen, sobald er sich bewegt. Wenn das Problem sich

Rechts: Die kleinen Nasenöffnungen sind eine Besonderheit der Französischen Bulldogge.

Kampf den Würmern.

Alle Hunde werden schon im jungen Alter von inneren Parasiten wie zum Beispiel Würmern (Rund- oder Spulwürmern) befallen: Sie werden über die Plazenta und die Muttermilch der Hündin an die Welpen übertragen. Deshalb ist es wichtig, einen Hund regelmäßig zu entwurmen. Der Tierarzt hat hierzu die nötigen Mittel, die in Tablettenform oder als Paste verabreicht werden können. Die Entwurmung ist keine große Sache und unbedingt wichtig, damit der Hund sich gesund entwickelt und keine Artgenossen ansteckt.

verschlimmert, sind eine Schädigung des Rückenmarks und schließlich eine Lähmung der Hinterhand zu befürchten. Die ersten Symptome eines Bandscheibenvorfalls können vom Hundebesitzer erkannt werden: Wenn ein Rüde zum Urinieren seinen Hinterlauf nicht mehr hebt, sollte man hellhörig werden, ebenso, wenn der Hund sich nur noch widerwillig bewegt. Gehen Sie in diesem Fall schnellstmöglich zum Tierarzt, damit dieser, falls nötig, operativ eingreifen kann.

Gesund und gut gepflegt: So soll es sein!

Die Ernährung muss an Alter und Aktivität angepasst sein.

La dolce vita!

Haben Sie ein Auge auf die Augen

Auch den Augen einer Französischen Bulldogge sollte besondere Aufmerksamkeit zuteil werden. Weil sie weiter hervorstehen als bei anderen Hunderassen, sind sie eher anfällig für bakteriell bedingte Infektionen. Außerdem kann eine kleine Drüse im inneren Augenwinkel, die so genannte Nickhautdrüse, aus ihrer Normalposition heraus nach außen vorfallen. Wenn Sie diese kleine rötliche Blase nicht vorsichtig mit den Fingern in ihre Lage zurückdrücken können, bringen Sie den Hund zum Tierarzt.

Kleine Plagegeister

Äußere Parasiten wie Zecken oder Flöhe sind bei Hunden weit verbreitet. Sie verursachen nicht nur Juckreiz, sondern können auch schlimmere Folgen wie eine Flohstichallergie mit anschließender massiver Hautreizung oder die durch Zeckenbisse übertragene Borreliose oder Piroplasmose haben. Die Verwendung antiparasitärer vorbeugender Mittel ist deshalb sinnvoll. Es gibt verschiedene Produkte beim Tierarzt, einige töten gleichzeitig schon vorhandene Parasiten ab und verhindern Neubefall. In südlichen Ländern kann auch die gefährliche Erkrankung Leishmaniose durch Stechmücken übertragen werden. Weniger gefährlich, aber sehr lästig und unangenehm sind Milben, die im Hundefell leben und intensiven Juckreiz auslösen. Eine bestimmte Milbenart, die Demodex-Milbe, verursacht auch Räude. Glücklicherweise gibt es heutzutage ein ganzes Arsenal von Produkten, mit denen man dieser Plagegeister Herr werden kann. Die wirkungsvollsten bekommen Sie beim Tierarzt.

Der Look

Köpfchen, Köpfchen

Sie hat einen quadratischen Kopf mit runden Augen, einen Karpfenrücken und kurzes Haar – unverkennbar eine Verwandte der Molosser-Familie. Aber die kleine Französische Bulldogge hat es geschafft, sich in die Gruppe der Gesellschaftshunde einzureihen. Erstaunlich? Das macht ihr Charme!

Wenn man die exakte Definition des Begriffes »Molosser« zurate zieht, findet man eine Beschreibung, die ein wenig vom Portrait unserer Bulldogge abweicht. Natürlich handelt es sich hier nicht um einen großen Wachhund mit breitem Kopf, mit massivem Körperbau und mächtigen Muskeln. Aber trotzdem hat sie einen großen Kopf, einen kräftigen Körper und ganz schön Muskeln, wenn auch alles im Kleinformat. Sie gehört unverkennbar in die Familie der Molosser, zählten zu ihren Vorfahren doch sowohl Doggen als auch Terrier. Auch wenn diese Tatsache vielleicht nicht sofort ins Auge springt, wenn man diesen kleinen Hund anschaut, so ist sie doch nicht zu verleugnen. Noch deutlicher wird das, wenn man sich die Französische Bulldogge im Detail ansieht.

Flaches Gesicht

Haben Sie ein ähnliches Hundegesicht schon einmal woanders gesehen außer bei Doggen und ihren Verwandten? Es ist breit, kräftig, quadratisch und sehr charakteristisch. Der im Standard erwähnte »eingezogene Oberkiefer- und Nasenbereich« macht deutlich, dass es sich um einen flachgesichtigen Hund handelt. Wie bei allen molosserartigen Hunden erscheint die Nase stumpf und »eingedrückt«. Von der Seite aus betrachtet liegen höchster Punkt des Schädels, Stirn und Nasenspiegel auf der gleichen Achse. Im englischen Standard ist dies mit dem Begriff »lay back« bezeichnet. Der ideale Hund besitzt ein lay back, das sich an einem Winkel von etwa 60 Grad im Verhältnis zur Horizontalen orientiert. Zu den unerwünschten Fehlern im Körperbau gehören bei der Französischen Bulldogge ein zu weit vorgezogenes Kinn und infolge dessen ein zu starker Überbiss, ein zu weit zurückliegender Nasenschwamm, ein zu kurzer Fang und eine zu stark oder im Gegenteil zu wenig gewölbte Stirn. Der Überbiss ist zwar erwünscht, aber es ist keine Frage, dass er nicht übertrieben sein sollte. Auch in der Form der Kiefer sind keine extremen Übertreibungen gewünscht: Die Schneidezähne des Oberkiefers sollen leicht hinter denen des

Die Französische Bulldogge besitzt viele typische Merkmale der Molosser-Rassen, auch, wenn sie viel kleiner ist.

Wer einen Karpfenrücken hat, liebt offensichtlich auch das Wasser.

Ausschließende Fehler
(nach deutschem Rassestandard)

- Nasenschwamm von anderer Farbe als Schwarz
- Hasenscharte
- Hunde, bei denen die unteren Schneidezähne hinter den oberen schließen
- Hunde, deren Fangzähne bei geschlossenem Fang ständig sichtbar sind
- Verschiedenfarbige Augen
- Nicht aufrecht getragene Ohren
- Ohren, Rute oder Afterkrallen kupiert
- Schwanzlosigkeit oder Afterkrallen an den hinteren Gliedmaßen entfernt oder vorhanden
- Die Haarfarben »Schwarz mit Brand«, »Mausgrau«, »Braun«

Unterkiefers zurückstehen, aber nicht zu weit.

Was die Augen der Französischen Bulldogge betrifft, so sollen sie rund und leicht hervorstehend, aber nicht übermäßig vorquellend sein. Die Ohren werden aufrecht getragen, sind am Ansatz breit und an der Spitze gerundet.

Der Karpfenrücken

Auch ein weiteres Detail kann nicht unbemerkt bleiben, wenn man die Französische Bulldogge anschaut: Ihr Rücken ist unverwechselbar, denn er verläuft nicht in gerader Linie. Im Gegensatz zu anderen Hunderassen hat er eine typische Wölbung, die man im Englischen als »roach back« bezeichnet. Bei uns nennt man diese Besonderheit »Karpfenrücken«. Er sieht so aus, dass sich hinter dem Halsansatz eine leichte Vertiefung zeigt, die Rückenlinie dann allmählich bis zu den Lenden ansteigt und ab dort zum Rutenansatz wieder abfällt. Ist diese Wölbung zu übertrieben und der Rücken im vorderen Bereich zu tief abgesenkt oder im hinteren Bereich zu konvex, handelt es sich um einen schweren Fehler.

Die Rute ist kurz, tief angesetzt und an den Hinterbacken anliegend. Sie ist am Ansatz dick und verjüngt sich natürlich zum Ende hin, es kommen Knoten- oder Knickruten vor. Eine schwanzlose Französische Bulldogge (dieser Fehler kommt manchmal vor) wird nicht ins Zuchtbuch eingetragen. Eine zu lange Rute führt ebenfalls zu starken Abzügen in der Bewertung.

Die Französische Bulldogge ist gut bemuskelt. Ihre Hinterläufe sind ein wenig länger als die Vorderläufe, was die leicht erhöhte Hinterhand erklärt. Der Bewegungs-

Rechts: Runde Augen und gerade, oben abgerundete Ohren ergeben ein harmonisches Gesamtbild.

ablauf ist frei. Wenn keine Größenangabe vorgegeben ist, soll die Größe der Französischen Bulldogge passend zu ihrem Gewicht (zwischen 8 und 14 kg) sein.

Gestromt, gescheckt oder falb

Je nach Standard werden die zugelassenen Fellfarben für die Französische Bulldogge von Land zu Land anders definiert und benannt. Das kurze, glänzende und weiche Haarkleid kann zum Beispiel dunkle Streifen aufweisen – man spricht dann von »gestromt«, wobei die Grundfarbe eigentlich Schwarz ist und die Streifen hell, auch wenn es für den Betrachter andersherum aussieht. Je nach Anteil der dunklen Haare ist die Fellfarbe heller oder dunkler bis hin zu fast ganz schwarz. Weiterhin gibt es gleichmäßig falbfarbene (»fauve«) Hunde, die gestromt oder ungestromt sein können oder eine Scheckung aufweisen. Die Falbfarbe kann verschiedene Abstufungen von fast Fuchsrot bis hin zu Milchkaffeefarben haben. Ganz weiße Hunde

Die Französische Bulldogge hat ihren Namen zu Recht. Frankreich hat das Patronat über den Rassestandard.

teilt man der Farbe »Gestromtes Fauve mit überhandnehmender weißer Scheckung« zu. Solche Hunde können dunkle Forellentupfer haben, die erlaubt sind, solange sie nicht überhand nehmen. Schwarze Hunde dürfen weiße Abzeichen an Brust und Kopf, aber nicht am Körper haben.

Übertreibungen unerwünscht

Manche Züchter bringen Hunde hervor, die zwar allen Merkmalen des Rassestandards entsprechen, aber in übertriebener und exzessiver Form. Sie haben zum Beispiel extrem große und faltige Köpfe oder einen übertriebenen Karpfenrücken. Solche Exzesse sind unerwünscht, denn sie wirken sich letztendlich verheerend auf die Gesundheit des Hundes und damit der ganzen Rasse aus.

Häufig verlangen die Welpenkäufer heute sehr gedrungene Hunde mit ausgeprägten Gesichtsfalten. Wenn die Züchter dieser Modeforderung Rechnung tragen, arbeiten sie damit der Gesundheit ihrer Tiere entgegen. Besser ist deshalb, sich bei der Zuchtauswahl an realistischere Kriterien zu halten. So konnte zumindest in Frankreich seit einigen Jahren das Problem der häufig zu langen Gaumensegel glücklicherweise durch umsichtige Zuchtauswahl gelöst werden. Immer häufiger werden

derzeit bei Französischen Bulldoggen Probleme mit der Kniescheibe festgestellt – eine Tatsache, der sich die Züchter stellen und ihr entgegenzuwirken versuchen. Es ist Sache der Zuchtrichter, den Standard angemessen zu interpretieren und nur solche Hunde zur Zucht zuzulassen, die auch gesund sind. Zu den absoluten Ausschlussmerkmalen zählen zum Beispiel Gebissfehler, Pigmentfehler im Gesicht oder ein zu hohes Körpergewicht.

Die aufgestülpte Nase

Fehler in Bezug auf Nase und Nasenrücken werden in der Kynologie mit ganz bestimmten Fachausdrücken bezeichnet. »Aufgestülpte Nase« bedeutet, dass der Nasenschwamm (auch »Nasenspiegel« genannt) hinter dem äußersten Ende des Fangs zurückliegt. Ist dieses Merkmal übertrieben stark ausgeprägt, werden die Nasenöffnungen eingequetscht. Das ist für den Hund in keinem Fall wünschenswert, weil es seine Atmung behindert. Offenkundig wird dies durch das typische Geräusch, welches diese Fehlbildung mit sich bringt: Der Hund neigt zum Schnarchen.

Kurze Nase, kurzer Hals, kurzes Haar und kurze Rute: Alles an ihr ist mini – außer dem großen Kopf.

Bis zum Champion ist es ein weiter Weg. Dann aber kann man mit Stolz auf die eigene Leistung blicken.

Moustique der Unbesiegbare

Moustique du Marais Picton, geboren am 31. August 1996, hat unter einem guten Stern das Licht der Welt erblickt. Die Würfel fielen am Tag seiner Bewertung durch die Zuchtrichter am 06. Juli 1997. Der Richter Hendriks sparte nicht mit Lobeshymnen auf diesen »wunderbaren Hund«, der »schon in diesem Alter eine sehr schöne Erscheinung« hatte. »Sehr gut in allen Einzelheiten« und eine »Zukunftshoffnung«, so der Richter weiter. Eine Vorhersage, die sich bewahrheitete. Bei seiner ersten Ausstellung wurde Moustique gleich als »Best of Breed«, bester Hund seiner Rasse, ausgezeichnet. Seine Karriere verlief erstaunlich. Französischer Champion 1998, internationaler Champion 1999, Sieger der »Méditerranéenne« 1999, Erster in der Championklasse bei der Clubschau Nördlingen (D), Inhaber von drei VDH-Titeln, Amsterdam Winner 1999, Bodenseesieger 1999 und 2000, Großer Preis des French Bulldog Club of America, Schweizer Champion 2000 ...

Insgesamt kann dieser Hund 21 CACIBs und 21 BOBs (Best of Breed) für sich verbuchen. Auf ausländischen Zuchtschauen wurde er nie besiegt. Moustique stammt aus einer Linie von Champions, sein Vater wurde mit »Elite A« in Frankreich bewertet. Er kann also stolz auf seine Abstammung sein. Drei seiner Welpen, unter denen die Fellfarben caille, gestromt oder falb zu finden sind, haben bereits Champion- oder Vizechampion-Titel erhalten.

Moustique du Marais Picton lebt zusammen mit seiner Mutter Joséphine, seiner Tochter Mélusine und seiner Enkelin Picaboo bei seiner glücklichen Besitzerin Marthe Bourquin-Gruber. Die Schönheit ist nicht sein einziger Vorzug: Moustique ist auch ein sehr sanfter Hund von ungewöhnlich gutem Charakter!

Der Standard

Kopf

Schädel: Breit, nahezu flach, mit stark gewölbter Stirn. Die vorstehenden Augenbrauenbogen werden durch eine zwischen den Augen besonders entwickelte Furche getrennt.

Ohren

Mittelgroß, breit am Ansatz und an der Spitze abgerundet. Hoch auf dem Kopf angesetzt, jedoch nicht zu dicht beieinander, aufrecht getragen. Die Ohrmuschel ist nach vorne geöffnet.

Augen

Aufgeweckter Ausdruck, tief eingesetztes Auge, ziemlich weit vom Nasenspiegel und vor allem von den Ohren entfernt, von dunkler Farbe, ziemlich groß, schön rund, leicht hervorstehend und ohne jede Spur von Weiß (weiße Augenhaut), wenn das Tier nach vorne schaut. Der Lidrand muss schwarz sein.

Nasenrücken

Sehr kurz, breit; er zeigt konzentrisch symmetrische Falten, die auf den Oberlefzen abwärts laufen.

Backen

Die Wangenmuskulatur ist gut entwickelt, jedoch nicht hervortretend.

Nasenspiegel

Breit, sehr kurz, aufgeworfen. Nasenlöcher gut geöff-

net und symmetrisch, schräg nach hinten gerichtet. Die Neigung der Nasenlöcher und die aufgeworfene Nase (man spricht von »aufgestülpt«) müssen jedoch eine normale Nasenatmung erlauben.

Lefzen

Dick, ein wenig schlaff und schwarz. Die Oberlefze trifft die untere in der Mitte und verdeckt völlig die Zähne, die niemals sichtbar sein dürfen. Die obere Lefze ist im Profil fallend und abgerundet. Die Zunge darf nie sichtbar sein.

Kiefer

Breit, quadratisch, kräftig. Der Unterkiefer verläuft in einem weiten Bogen und endet vor dem Oberkiefer. Bei geschlossenem Fang wird das Vorstehen des Unterkiefers (Vorbiss) durch den gebogenen Verlauf der Unterkieferäste gemildert. Dieser gebogene Verlauf ist nötig, um ein zu starkes Vorstehen des Unterkiefers zu vermeiden.

Allgemeines Erscheinungsbild

Ein typischer, kleinformatiger Molosser. Trotz seiner geringen Größe ein kräftiger, in jeder Hinsicht kurzer und gedrungener Hund, mit kurzem Fell, mit kurzem, stumpfnasigem Gesicht, Stehohren und natürlicher Kurzrute. Er muss den Eindruck eines lebhaften, aufgeweckten, sehr muskulösen Tieres von kompakter Struktur und solidem Knochenbau vermitteln.

Kopf

Der Kopf muss sehr kräftig, breit und quadratisch sein, die ihn bedeckende Haut bildet nahezu symmetrische Falten und Runzeln. Der Kopf der Bulldogge ist gekennzeichnet durch den eingezogenen Oberkiefer- und Nasenbereich. Der Schädel macht an Breite wett, was er an Länge verloren hat.

Hals

Kurz, leicht gebogen, ohne Wamme.

Haarkleid

Schönes, dichtes, glänzendes und weiches Kurzhaar.

Gangwerk

Bewegungsablauf frei. Die Gliedmaßen bewegen sich parallel zur Medianebene des Körpers.

Gewicht

Zwischen 8 und 14 kg.

Im Ausland

Der Weg zum Ruhm

Die durch und durch Französische Bulldogge hat auch außerhalb Frankreichs keine schlechte Presse. Auch wenn sie dort noch nicht so weit verbreitet ist, wächst ihre Beliebtheit doch ständig und man darf mit ruhiger Gewissheit annehmen, dass sie sich auf eine schöne internationale Karriere gefasst machen kann.

Auch außerhalb Frankreichs hat die Französische Bulldogge viele Bewunderer gefunden.

USA

Die Französische Bulldogge zählt zu den Lieblingsrassen der Amerikaner. Ihren Verführungs-Feldzug hat sie dort bereits zu Beginn des 20. Jahrhunderts gestartet. Der amerikanische Fabrikant G. Benett, der in Frankreich den Club »Réunion des amateurs de bouledogues français« mitbegründete, hatte sich die Markteinführung dieses Hundes zum Ziel gesetzt. Der Medieneinfluss dieses Herrn blieb nicht ohne Ergebnis: Seit 1896 traten Französische Bulldoggen auf amerikanischen Hundeausstellungen an. Die Französische Bulldogge wird jenseits des Atlantiks sehr geschätzt, aber nicht nach den gleichen Kriterien bewertet wie in Frankreich. Die Amerikaner tolerieren Fellfarben, die in Frankreich absolut nicht akzeptiert sind. So kann sich der kleine Hund über dem großen Teich ganz ungeniert auch in cremefarbenem oder grauem Anzug zeigen.

Großbritannien

Die Engländer haben diesen Hund »Frenchie« getauft und ihn lange Zeit eher gemieden, bis sie sich mit ihm anfreunden konnten. Mit der Zucht begannen sie erst nach dem Zweiten Weltkrieg auf der Grundlage von amerikanischen und französischen Linien. Es kam sogar vor, dass englische Züchter ihren französischen Kollegen in schwierigen Zeiten geholfen haben, die Zucht wieder aufzubauen. Heute gehen die Briten genauso vor wie die Amerikaner: Sie erkennen Fellfarben an, die nach FCI-Standard nicht akzeptiert sind.

Deutschland und Österreich

Die Französische Bulldogge findet sich hier auf Gravuren dargestellt, die aus dem Jahr 1868 stammen. Dies zeigt, dass die Rasse in diesen Ländern schon lange bekannt ist. Auch die Zucht war zu Beginn des 20. Jahrhunderts schon recht bedeutend. Trotz der Unterbrechung durch den Ersten Weltkrieg kam die Zucht relativ schnell wieder auf die Beine.

Belgien

In Belgien hat die Französische Bulldogge ihr goldenes Zeitalter offenbar schon hinter sich. Auch wenn es noch einige passionierte Züchter gibt, so sind die Gesamtergebnisse eher schwach und die Rasse hat an Bekanntheit eingebüßt.

Niederlande

Hier ist der Typ der Rasse etwas anders: Man findet massiver und schwerer gebaute Französische Bulldoggen. Die Zucht ist trotzdem gut entwickelt und niederländische Blutlinion sind im Ausland geschätzt.

Italien und Spanien

In diesen beiden Ländern ist die Rasse insgesamt noch wenig bekannt, auch wenn die Zucht eine Tendenz zur positiven, aufstrebenden Entwicklung zu verzeichnen hat.

Die in der Zucht geltenden Kriterien sind nicht in allen Ländern gleich.

Praxis

Im Ausstellungsring

Mit ihrem muskulösen Körper und dem markanten Kopf macht die Französische Bulldogge auf Schönheitswettbewerben eine gute Figur. Viele Besitzer stellen sich in der Hoffnung auf einen Championtitel mit ihren Hunden gerne der Konkurrenz. Dazu muss man allerdings die offiziellen Regeln für Hundeausstellungen kennen.

Ausstellungen zu besuchen und sich mit seinem Hund der Konkurrenz zu stellen gehört zu den alten Traditionen der Hundewelt. Dazu muss sich der Hund am Rassestandard messen lassen und der Besitzer muss die Anforderungen des Zuchtverbandes kennen. Die Verantwortung für den Wortlaut des Rassestandards innerhalb des europäischen Dachverbandes FCI liegt beim französischen Zuchtverband CBF. Der deutsche Zuchtverband IKFB e.V., über den VDH (Verband für das deutsche Hundewesen) ebenfalls der FCI unterstehend, hält sich ebenfalls an diesen Standard. Daneben gibt es auch noch weitere nationale Zuchtverbände für Französische Bulldoggen, die nicht VDH bzw. FCI unterstehen, sondern sich als unabhängig verstehen. Zum Teil haben sie abweichende Vorschriften zur

Äußerliche Merkmale allein sind nicht alles, worauf der Richter achtet ...

... auch das Wesen muss tadellos sein.

Nützliche Adressen

Deutschland:

VDH
Verband für das Deutsche Hundewesen e.V.
Westfalendamm 174
D – 44041 Dortmund
Tel.: 0231 - 5 65 00-0
Fax: 0231 - 59 24 40
Internet: www.vdh.de

IKFB
Internationaler Klub für Französische Bulldoggen e.V.
Geschäftsstelle Frau Renate Lotz
Crufterostr. 6
65830 Kriftel
Tel.: 0 61 92 97 92 88
E-Mail: lo.rena@t-online.de
Internet http://www.ikfb.de

Schweiz:

Schweizerischer Klub für Französische Bulldoggen
Frau Elsbeth Güthlin (Sekretariat)
Hauptstrasse 12
CH – 4142 Münchenstein
Tel. / Fax ++41 61 411 20 27
E-Mail: elsbeth@olli.ch
Internet: www.suisse-bully.ch

Österreich:

Österreichischer Club für Französische Bulldoggen
Geschäftsstelle – Welpenvermittlung
Dr. Hannes & Elisabeth Pramer
A – 1070 Wien, Stiftgasse 15
Tel.: 01/526 19 26 Fax: 01/526 19 26/21
Internet: http://members.chello.at/hannes.pramer/oecfb/
E-Mail: ra@drpramer.at

Zuchtzulassung von Hunden, die teilweise sogar strenger sind als die des VDH. Es ist also nicht gesagt, dass Hunde aus solchen Zuchten schlechter sind. Allerdings werden sie niemals zu einer VDH- bzw. FCI-Ausstellung (und das sind alle bedeutenden Ausstellungen) zugelassen, weil dort nur Hunde mit FCI-Ahnentafeln teilnahmeberechtigt sind. Die Zuchtrichter werden vom VDH bzw. in Schweiz oder Österreich vom jeweiligen nationalen Dachverband für Hundezucht ernannt. Sie bewerten nicht allein das Aussehen des Hundes, sondern auch dessen Wesen, um sicherzustellen, dass nur charakterlich einwandfreie Hunde zur Zucht gelangen.

Die Bewertung

Die endgültige Beurteilung, die der Richter dem Hund nach Begutachtung zukommen lässt, wird im so genannten »Formwert« festgehalten. Nach der Zuchtschau-Ordnung des VDH unterscheidet man zwischen folgenden Formwerten:

Vorzüglich

Darf nur einem Hund zuerkannt werden, der dem Idealstandard der Rasse sehr nahe kommt, in ausgezeichneter Verfassung vorgeführt wird, ein harmonisches, ausgeglichenes Wesen ausstrahlt, der »Klasse« und eine hervorragende Haltung hat.

Sehr gut

Wird nur einem Hund zuerkannt, der die typischen Merkmale seiner Rasse besitzt, von ausgeglichenen Proportionen und in guter Verfassung ist.

Gut

Dieses Prädikat ist einem Hund zuzuordnen, der die Hauptmerkmale seiner Rasse besitzt, aber Fehler aufweist, unter der Bedingung, dass diese nicht verborgen werden.

Genügend

Ein Hund, der seinem Rassetyp genügend entspricht, ohne dessen allgemein bekannte Eigenschaften zu besitzen bzw. dessen körperliche Verfassung zu wünschen übrig lässt.

Disqualifiziert

Disqualifiziert wird ein Hund, der nicht dem im Standard vorgeschriebenen Typ entspricht, ein eindeutig nicht standardgemäßes Verhalten zeigt oder aggressiv ist, mit einem Hodenfehler behaftet ist, einen erheblichen Zahnfehler oder eine Kieferanomalie aufweist, einen Farb- und/oder Haarfehler hat oder eindeutige Zeichen von Albinismus erkennen lässt.

Ausstellungsarten

In den Terminkalendern wird zwischen mehreren Ausstellungsarten unterschieden. Folgende Schauen gibt es in Deutschland:

Spezialzuchtschauen

Sie werden von den Rassehundeklubs veranstaltet, was bedeutet, dass ausschließlich Hunde dieser einen Rasse dort gezeigt werden. Hier gibt es eine CAC zu gewinnen, das ist eine Anwartschaft auf das nationale Schönheits-Cham-

Die Anhänglichkeit an den Besitzer ist eines der Dinge, für die man die Französische Bulldogge besonders schätzt.

Oben: Auch die Verträglichkeit mit anderen Hunden ist ein wichtiges Kriterium.

pionat des Klubs, sowie eine Anwartschaft auf den Titel »Deutscher Champion« (VDH).

Nationale Zuchtschauen

Von den Landesverbänden des VDH veranstaltet, können hier Hunde aller Rassen teilnehmen. Es winkt als Auszeichnung die Anwartschaft für den Deutschen Champion (VDH).

Internationale Rassehundzuchtschauen

Hier wird das begehrte CACIB, die Anwartschaft auf den Internationalen Schönheits-Champion, vergeben. Solche Zuchtschauen müssen von der FCI selbst genehmigt werden.

Bundessieger-, Europasieger- und Welthundeausstellungen

Hier werden, wie der Name schon sagt, die herausragenden Siegertitel vergeben.

Vorbereitung

Die Teilnahme an Ausstellungen erfordert nicht nur einiges an Formalitäten zur Anmeldung, sondern auch praktische Vorbereitungen. Der Hund muss nach einem bestimmten Muster vorgeführt werden, muss sich in der Gruppe

Die Französische Bulldogge soll weder furchtsam noch aggressiv, sondern ausgeglichen sein.

Wesenstest

Charakter und Temperament des Hundes, im kynologischen Fachjargon als »Wesen« bezeichnet, werden im Allgemeinen nach folgenden Kriterien überprüft:

- **Sozialisation:** Der Hund muss sich von einem fremden Menschen entspannt überall anfassen lassen und muss sich gegenüber fremden Hunden neutral verhalten.
- **Reaktion gegenüber einer Gruppe:** Der Hund muss durch eine Gruppe ihm unbekannter Personen hindurchgehen und darf weder Furcht noch Aggression zeigen.
- **Reaktion auf Stress:** Ein in der Nähe absichtlich erzeugtes, ungewöhnliches Geräusch darf beim Hund keinerlei Furcht auslösen.
- **Lernfähigkeit/Erziehbarkeit:** Hier wird das Erinnerungsvermögen des Hundes getestet.

Auf Ausstellungen führen Richter keinen eigenen Wesenstest durch, sondern lassen die Beobachtungen, die sie die ganze Zeit über beim Vorstellen des Hundes machen, in die Bewertung mit einfließen.

Zur Vorbereitung empfehlen wir das Buch »Unser Hund auf Ausstellungen« von Dr. Peter Beyersdorf, Kynos Verlag. Hier finden Sie alles Wichtige über Anmeldung, Zulassung, Vorbereitung, Ablauf, Reglement, Bewertung und so weiter.

tadellos benehmen und vom Richter anstandslos überall anfassen und auch ins Maul schauen lassen. All das kann man in Ruhe vorher zu Hause üben. Das Ausstellen von Hunden kann ein ziemlich vereinnahmendes Hobby sein, aber die meisten, die einmal Feuer gefangen haben, kommen davon nie mehr los.

Auch vor unbekannten Geräuschen darf ein wesensfester Hund keine Angst haben.

Rechts: Wer einen Championtitel errungen hat, darf auch mit Fug und Recht auf einem Sockel stehen.

Index

Bildnachweis

Français/Cogis: 7 g, 8-9, 16, 18, 22 b, 22 h, 24, 29 d, 34-35, 37, 41 b, 42, 44-45, 51 g, 52, 54-55, 58, 59, 63, 66-67, 66 b, 73 b, 75 d, 77, 80-81, 82, 91 d, 91 g, 98-99, 102-103, 103 d, 103 g, 114, 116-117 ; Gauzargues/Cogis: 4-5, 20-21, 25, 26, 35 b, 65 h, 74-75, 88-89, 104, 107 d, 108; Gehlhar/Cogis: 40-41, 110-111; Hermeline/Cogis: 23, 26-27, 46, 48-49, 50-51, 51 d, 64, 83, 84, 85 h, 86-87, 96-97, 101, 115; Labat/Cogis: 7 m, 9 g, 14-15, 19, 29 g, 31, 62, 75 g, 78-79, 105; Lanceau/Cogis: 17 b ; Lili/Cogis: 7 d, 17 h; Monnier/Cogis: 36 h; Simon/Cogis: 9 d, 30, 32-33, 36 b, 43, 47, 53, 68-69, 72-73, 85 b, 89 d, 93, 100, 107 g, 111 b, 112-113, 116 b; Sprea/Cogis: 12-13, 70; Varin/Cogis: 28-29, 56-57, 92; Vedie/Cogis: 1, 11, 38-39, 60-61, 65 b, 71, 89 g, 94-95, 106-107, 109.